永昌道文化艺术丛书

全球物种基因库、天然文化博物馆——高黎贡山影像保护

国家艺术基金 2017 年度美术、书法、摄影创作人才滚动资助项目作品

作品编号：17G15MS46-01-098

秘境高黎贡

鲁 韬 著

保山市文化广播电视新闻出版局组编

知识产权出版社

全国百佳图书出版单位

國家藝術基金
CHINA NATIONAL ARTS FUND

高黎贡山远眺

 國家藝術基金
CHINA NATIONAL ARTS FUND

热带森景·怒江边最后的热带雨林

温带森景·赧亢自然保护区

國家藝術基金
CHINA NATIONAL ARTS FUND

寒带森景·独龙江雪山垭口

CHINA NATIONAL ARTS FUND

独龙江之晨

 國家藝術基金
CHINA NATIONAL ARTS FUND

高原之肾·独龙江雪山垭口

國家藝術基金
CHINA NATIONAL ARTS FUND

怒江大峡谷

國家藝術基金
CHINA NATIONAL ARTS FUND

知子罗峡谷山村

CHINA NATIONAL ARTS FUND

潞江坝外来热带经济作物种植园 · 火龙果

國家藝術基金
CHINA NATIONAL ARTS FUND

潞江坝外来热带经济作物种植园 · 小粒咖啡

潞江坝亚洲第一大榕树

高原之肾·腾冲北海湿地

高黎贡山火山群·腾冲

 國家藝術基金
CHINA NATIONAL ARTS FUND

龙川江田园风光

腾冲黑鱼河柱状节理

 國家藝術基金
CHINA NATIONAL ARTS FUND

独树成林·盈江

國家藝術基金
CHINA NATIONAL ARTS FUND

银河下的高黎贡·赧亢自然保护区

高黎贡山珍稀植物 • 国家二级保护植物 • 植物的活化石 • 桫椤

國家藝術基金
CHINA NATIONAL ARTS FUND

高黎贡山珍稀植物 · 国家二级保护植物 · 董棕

國家藝術基金
CHINA NATIONAL ARTS FUND

高黎贡山珍稀植物·国家二级保护植物·红花木莲

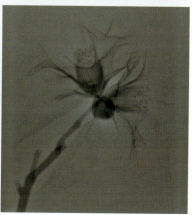

國家藝術基金
CHINA NATIONAL ARTS FUND

高黎贡山珍稀植物·国家二级保护植物·云南山茶

高黎贡山菌类植物

| 细茎石斛 | 眼斑贝母兰 | 水晶兰 | 虾脊兰 |

| 长柄贝母兰 | 白花石豆兰 | 开口箭 | 镰翅羊耳蒜 |

高黎贡山兰科及珍稀花草植物

 國家藝術基金
CHINA NATIONAL ARTS FUND

高黎贡山珍稀动物·白眉长臂猿

國家藝術基金
CHINA NATIONAL ARTS FUND

高黎贡山珍稀动物·菲氏叶猴

國家藝術基金
CHINA NATIONAL ARTS FUND

高黎贡山珍稀动物·小熊猫

國家藝術基金
CHINA NATIONAL ARTS FUND

高黎贡山珍稀动物·蜂猴

國家藝術基金
CHINA NATIONAL ARTS FUND

高黎贡山珍稀动物·巨松鼠

CHINA NATIONAL ARTS FUND

高黎贡山珍稀动物·霜背大鼯鼠

國家藝術基金
CHINA NATIONAL ARTS FUND

高黎贡山珍稀动物·黑线乌梢蛇

國家藝術基金
CHINA NATIONAL ARTS FUND

高黎贡山珍稀动物·贡山树蛙

國家藝術基金
CHINA NATIONAL ARTS FUND

高黎贡山珍稀动物·红蹼树蛙

国家藝術基金
CHINA NATIONAL ARTS FUND

高黎贡山珍稀动物·犀鸟

  國家藝術基金
CHINA NATIONAL ARTS FUND

高黎贡山珍稀动物·铜蓝鹟

國家藝術基金
CHINA NATIONAL ARTS FUND

高黎贡山珍稀动物·棕胸蓝姬鹟

第二章　高黎贡山地区少数民族生存状态

　　高黎贡山是多民族聚居区，生活着独龙、彝、白、回、傣、傈僳、怒、阿昌、藏、布朗、德昂、壮、苗、佤、景颇族十五个世居少数民族。本章一方面沿着高黎贡山从北至南的地理脉络，反映出由于海拔和纬度的不同，造成气候与自然环境及自然资源的迥异，造就了生活在高黎贡山南、北两段的少数民族生产生活方式上的巨大差异：北段刀耕火种，南段机械化收割；北段溜索飞渡，南段天堑变通途；北段种植玉米、土豆，南段种植来自非洲埃塞俄比亚的咖啡、来自澳洲的坚果、来自南美洲的火龙果等经济作物。另一方面由于高黎贡山地区民族分布格局为"大杂居，小聚居"，生产生活方式又相互影响有一定趋同性：他们大多都有手工织布习惯及火塘文化，更为突出的是作为白族支系的勒墨人对野生植物及环境有较大依赖性，从事刀耕火种、轮歇栽培并采摘 100 余种野生药用植物（如云黄连、贝母）用于同外界进行物资交换，在生产生活方式及服饰上已和当地傈僳族非常接近。

國家藝術基金
CHINA NATIONAL ARTS FUND

独龙江雄当村之晨

國家藝術基金
CHINA NATIONAL ARTS FUND

丙中洛田园风光

CHINA NATIONAL ARTS FUND

独龙族合影·独龙江乡

國家藝術基金
CHINA NATIONAL ARTS FUND

编织独龙毯的文面女

秋那桶田园风光

國家藝術基金
CHINA NATIONAL ARTS FUND

秋那桶水磨房磨玉米的怒族

國家藝術基金
CHINA NATIONAL ARTS FUND

怒江边悬崖上的茶马古道

怒江边石月亮下的怒族村寨

依山而建的福贡县城

國家藝術基金
CHINA NATIONAL ARTS FUND

怒江边岩石上的民居·称杆乡

國家藝術基金
CHINA NATIONAL ARTS FUND

怒江傈僳族自治州高山台地打谷子的傈僳族·匹河乡

高黎贡山烧荒的山地族人·福贡县

怒江边打硅矿的傈僳族·匹河乡

國家藝術基金
CHINA NATIONAL ARTS FUND

怒江虎跳滩捕鱼的傈僳族

国家艺术基金
CHINA NATIONAL ARTS FUND

怒江称杆乡赶集的马帮

国家藝術基金
CHINA NATIONAL ARTS FUND

福贡县溜索过江的傈僳族母子

國家藝術基金
CHINA NATIONAL ARTS FUND

潞江坝田园风景

CHINA NATIONAL ARTS FUND

高黎贡山西坡田园风景·腾冲上营

國家藝術基金
CHINA NATIONAL ARTS FUND

潞江坝卖火龙果的傣族

傣族用传统方法加工咖啡·潞江乡

國家藝術基金
CHINA NATIONAL ARTS FUND

采高黎贡山古树茶的傈僳族

CHINA NATIONAL ARTS FUND

傈僳族合影·腾冲县中和村

腾冲火山石加工厂

國家藝術基金
CHINA NATIONAL ARTS FUND

陇川坝稻田里机械化收割的人们

國家藝術基金
CHINA NATIONAL ARTS FUND

盈江景颇族火塘文化

國家藝術基金
CHINA NATIONAL ARTS FUND

盈江坝卖热带水果的傣族

國家藝術基金

CHINA NATIONAL ARTS FUND

盈江边美丽的傣族村寨

國家藝術基金
CHINA NATIONAL ARTS FUND

蜿蜒在高黎贡山上的保腾高速公路

國家藝術基金
CHINA NATIONAL ARTS FUND

走出大山的景颇族少年

國家藝術基金
CHINA NATIONAL ARTS FUND

高黎贡山世居少数民族劳动肖像

独龙族　　　　　　　藏族　　　　　　　怒族

苗族　　　　　　　回族　　　　　　　德昂族

白族支系·勒墨人　　　　傈僳族　　　　彝族

傣族　　　　阿昌族　　　　景颇族

第三章　高黎贡山地区少数民族文化状态

在广袤的高黎贡山地域内分布有独龙、彝、白、回、傣、傈僳、怒、阿昌、藏、布朗、德昂、壮、苗、佤、景颇族十五个世居少数民族，由于高黎贡山封闭的地理形势使外部文化不易深入，所以当地少数民族长期保持自己原有的风貌，居住在高黎贡山山麓的少数民族，除了因某种历史原因举族迁徙与其他民族融合成为新的民族之外（如景颇族与缅甸掸族），在道路仍不发达的边远地区大多仍保持着古代的风貌。且由于高黎贡山与缅甸接壤，又有怒江、龙川江等跨境河流、跨境民族、跨境宗教的影响，因而高黎贡山无论是从气候还是从江川河流、地理文化及交通的角度讲，都无可避免地成为印度洋区域与太平洋区域的接触点与交汇处。当两大洋文明交锋时，高黎贡山兼容并收，形成了一种文化的兼容性、混合性与多元性并存的状态，犹如一座少数民族文化的"博物馆"。本章主要反映了这一区域少数民族文化的丰富性与多样性，以及由于信仰趋同，多种少数民族会共同欢度同一民族传统节日的多民族共融现象，选取高黎贡山地区傈僳族、德昂族、景颇族以点带面说明由于气候、生活条件和文化环境的差异，造就了同一民族在高黎贡山东、西两侧，南、北两端服饰上的巨大差异。

高黎贡山地区刀杆节

　　相传是为纪念对傈僳族施以重恩的明朝兵部尚书王骥。傈僳族人民把这位英雄献身的忌日定为自己民族的传统节日，并用上刀山、下火海等象征仪式，表达愿赴汤蹈火相报的感情。刀杆节这天，几名健壮男子先表演"蹈火"仪式。他们赤裸双脚，跳到烧红的火炭堆里，表演各种绝技。第二天，他们把磨快的 36 把长刀，刀口向上分别用藤条横绑在两根 20 多米高的木架上，成一刀梯。表演者空手赤足，从快刀刃口攀上顶端，并在杆顶表演各种高难动作。如今，高黎贡山区域所有傈僳族村寨每年二月初八都会举办刀杆节来祭奠王骥将军，由于高黎贡山地区傈僳族与彝族常杂居在一起，时间长了彝族同胞们也加入了这勇士的节日。

 國家藝術基金
CHINA NATIONAL ARTS FUND

勇士的节日·傈僳族、彝族刀杆节

登埂澡塘会

　　高黎贡山在欧亚板块与印度板块碰撞中诞生。该区域地热资源十分丰富，澡塘会是泸水傈僳族的传统节日，明朝永历二年就已具有一定规模，是保存和延续傈僳族传统文化的一种重要形式。一百多年来，傈僳族人民按照传统风俗习惯，每年春节初二至初六都在泸水县鲁掌镇登埂春浴，带上行李备好食物、炊具到温泉附近搭起帐篷或竹棚，进行对歌、射弩和物资交流等活动。每天早晚都要泡温泉浴，消除全身的疾病和疲劳，洗涤一年来身上的灰尘污垢，享受着大自然的馈赠，男女共浴是如此和谐、自然。

國家藝術基金
CHINA NATIONAL ARTS FUND

高黎贡山的馈赠·泸水县登埂澡塘会

高黎贡山地区感恩节

一百多年前，传教士从瑞丽、腾冲猴桥口岸进入，一路向北将感恩节带到高黎贡山地区的傈僳族、景颇族、怒族、独龙族人当中，如今感恩节已成为这些少数民族珍视的民间节日，民族特色浓郁。秋天是收获的季节，秋收之后高黎贡山地区许多教会的信徒们都会欢聚一堂，以丰富多彩的活动庆祝丰收。

國家藝術基金
CHINA NATIONAL ARTS FUND

傈僳族、景颇族共同欢度感恩节

高黎贡山地区泼水节

泼水节又称"浴佛节",源于印度,随着佛教在高黎贡山地区影响的加深,泼水节成为一种民族习俗流传下来,已经有数百年的历史了。到了节日,傣族、阿昌族、德昂族男女老少穿上节日盛装,而妇女们则各挑一担清水为佛像洗尘,求佛祖保佑。"浴佛"完毕,人们就开始相互泼水,表示祝福,希望用圣洁的水冲走疾病和灾难,换来美好幸福的生活。

 國家藝術基金
CHINA NATIONAL ARTS FUND

傣族、阿昌族、德昂族共庆泼水节

高黎贡山地区浇花节

德昂族浇花节于每年清明节后七天举行，是把佛陀诞生、成道、涅盘三个日期合并在一起举行的纪念活动，为期三天。浇花节是德昂族一年中最重要的节日，也是最能集中体现德昂族传统文化的一项活动，既是德昂族人民欢度新年的典礼，又是男女青年谈情说爱，寻找心上人的好时机。云南潞西市三台山德昂族乡出冬瓜村的浇花节，是目前较完整地保持着本色的一个节日，于清明节后的第 7 天开始，浇花节与傣族"泼水节"内涵相同，但活动内容差异较大，故被视为泼水节的孪生姐妹。

 國家藝術基金
CHINA NATIONAL ARTS FUND

泼水节的孪生姐妹·三台山乡德昂族浇花节·芒市三台山乡

高黎贡山地区目瑙纵歌节

目瑙纵歌节是景颇族最盛大、最隆重的民族节日。景颇语叫"目瑙"，载佤语叫"纵歌"，"目瑙纵歌"就是大家一齐来唱歌跳舞的意思。它是为祭祀景颇的太阳神"木代"而举行的最隆重的祭祀活动，同时也是景颇族传统的节日。到时三山五岭的景颇族群众都相聚在一起纵情歌舞，跳目瑙纵歌舞时，人少则上千，多时过万，故又称为万人之舞。它包括多种异彩纷呈的舞蹈形式，舞队排列成阵，舞步豪放有序，节奏激昂明快，表现出景颇群舞的高度水平。各种"目瑙纵歌"不仅具有悠久的历史传统和广泛的群众性，而且集中表现了景颇族的历史起源、迁徙路线、宗教信仰、道德观念、音乐、舞蹈和文化艺术特点，是研究景颇族社会历史以及民族学、民俗学的最好的活的材料。

国家艺术基金
CHINA NATIONAL ARTS FUND

记载着景颇族迁徙史的目瑙纵歌节·芒市芒海乡

瑞丽点灯节

据佛教传说，佛祖释迦牟尼曾于"哦洼"（出洼节）前日这天为众神讲经。在这期间，所有僧侣要安居坐腊，信徒也要避免迁居嫁娶。月圆的时候，释迦牟尼在众神的簇拥之下来到人间，信徒便点上各种彩灯和上千条蜡烛迎接。点灯节又称解夏节，是南传上座部佛教在"哦洼赶朵"前后3天举行，傣族各村各寨的老百姓都要点上千条蜡烛，祈求平安，来年五谷丰登，邻里团结和睦。

点灯节这天，夜幕降临之际，当地傣族、缅甸掸族换上节日的盛装，带着鲜花、蜡条、烟花、孔明灯等，从四面八方汇集到瑞丽姐东崃奘寺、姐勒金塔。到佛像前面参拜许愿祈祷，恭恭敬敬地点燃蜡烛、油灯，献上一份虔诚的心。周围人如潮涌，熙熙攘攘，摩肩接踵，络绎不绝。人们一群群、一簇簇，蹲坐在自己亲手制作的蜡烛灯旁祈福。每一盏灯的背后，都载满了祝福和希望。

國家藝術基金
CHINA NATIONAL ARTS FUND

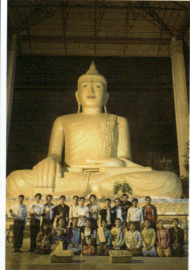

中、缅傣族共庆点灯节·瑞丽市

 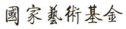
國家藝術基金
CHINA NATIONAL ARTS FUND

傈僳族四声部合唱团·芒宽乡

CHINA NATIONAL ARTS FUND

傈僳族三弦舞·西亚村

国家藝術基金
CHINA NATIONAL ARTS FUND

潞江坝德昂族民族音乐、舞蹈非遗传承人尹香芳

CHINA NATIONAL ARTS FUND

芒市傣族剪纸非遗传承人邵梅罕

CHINA NATIONAL ARTS FUND

户撒阿昌刀非遗传承人许喃元

陇川县景罕镇景颇族织锦非遗传承人石玛丁

傈僳族服饰

高黎贡山地区由于气候呈垂直立体分布、纬度跨度大且呈跨国性分布，所以同一民族在不同区域因气候、生活条件的不同而服饰差异很大。这组图片反映出高黎贡山东、西侧不同区域傈僳族服饰的差异。

國家藝術基金
CHINA NATIONAL ARTS FUND

保山市芒宽乡西亚村傈僳族服饰

111

國家藝術基金
CHINA NATIONAL ARTS FUND

腾冲界头乡傈僳族服饰

德昂族服饰

这组图片反映出高黎贡山南、北不同区域德昂族服饰的差异。

國家藝術基金
CHINA NATIONAL ARTS FUND

保山潞江乡芒颜村德昂族服饰

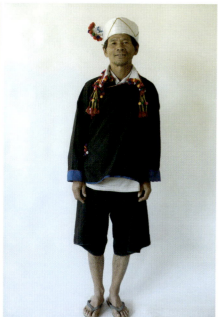

國家藝術基金
CHINA NATIONAL ARTS FUND

芒市三台山乡出冬瓜村德昂族服饰

景颇族服饰

这组图片反映出高黎贡山区域，中国和中缅边境不同区域景颇族服饰的差异。

芒市中缅边境的景颇族服饰

國家藝術基金
CHINA NATIONAL ARTS FUND

盈江县铜壁关乡景颇族服饰

第四章　高黎贡山地区少数民族宗教状态

　　高黎贡山北接西藏自治区，南至缅甸、印度，北段高耸入云，南段接入大海，有南方丝绸古道联通中国内地与缅甸、印度，且少数民族众多，可以毫不夸张地说，高黎贡山地区是中国宗教品系最为齐全、寺庙类型最为丰富的地方。清乾隆年间，藏传佛教由今四川省甘孜藏族自治州德格县德格喇嘛寺喇嘛杜建功传入丙中洛地区，道光五年在丙中洛建立"普化寺"；大致在公元 13 世纪晚期南传上座部佛教从缅甸和泰国先后传入德宏地区，15 世纪以后传入保山境内。天主教于 1888 年传入高黎贡山地区贡山县境内，后向南传播，于 1921 年始在德宏州景颇族、傣族群众中传播；清光绪二十年（1894 年），英国牧师到腾冲宣介《马可福音》，之后外国传教士接踵而至到高黎贡山地区传播基督教，1913 年，傅能仁由南向北进入怒江地区传教。伊斯兰教进入高黎贡山地区的时间与回民进入时间一致，元代伊斯兰教传入保山，明洪武至清道光年间，腾冲等地伊斯兰教尤为鼎盛。本章主要反映了高黎贡山作为"众神之山"，世界三大宗教（佛教、基督教、伊斯兰教）与原始宗教在此汇聚，造就了这一地区"一种民族有多种宗教信仰，多种民族有同一宗教信仰"的奇观，这一现象在丙中洛地区尤为突出，被世人称为"人神共居之地，心灵的居所"。

高黎贡山地区藏传佛教

怒族

藏族

 國家藝術基金
CHINA NATIONAL ARTS FUND

傈僳族

藏传佛教信徒肖像

高黎贡山地区藏传佛教

國家藝術基金
CHINA NATIONAL ARTS FUND

高黎贡山地区天主教

藏族

傈僳族

國家藝術基金
CHINA NATIONAL ARTS FUND

怒族

景颇族

天主教信徒肖像

高黎贡山地区天主教

國家藝術基金
CHINA NATIONAL ARTS FUND

高黎贡山地区基督教

怒族

独龙族

傈僳族

國家藝術基金
CHINA NATIONAL ARTS FUND

汉族

傣族

景颇族

基督教信徒肖像

高黎贡山地区基督教

 國家藝術基金
CHINA NATIONAL ARTS FUND

高黎贡山地区伊斯兰教

缅甸罗兴伽人

CHINA NATIONAL ARTS FUND

潞江坝回族

伊斯兰教信徒肖像

高黎贡山地区伊斯兰教

國家藝術基金
CHINA NATIONAL ARTS FUND

高黎贡山地区南传上座部佛教

缅甸德昂族　　　　　　　　　　芒市三台山乡德昂族

國家藝術基金
CHINA NATIONAL ARTS FUND

阿昌族

缅甸掸族

南传上座部佛教信徒肖像

高黎贡山地区南传上座部佛教

 國家藝術基金
CHINA NATIONAL ARTS FUND

高黎贡山地区原始宗教

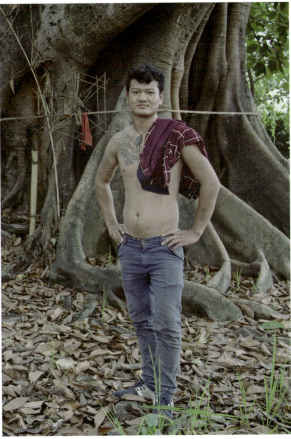

傈僳族

傣族

阿昌族

國家藝術基金
CHINA NATIONAL ARTS FUND

德昂族

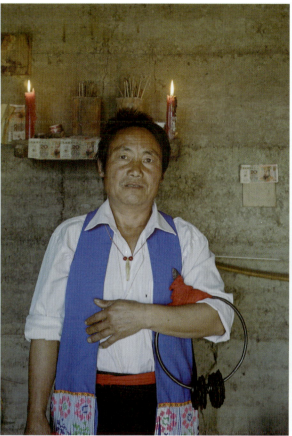

苗族

景颇族

原始宗教信徒肖像

高黎贡山地区原始宗教

 國家藝術基金
CHINA NATIONAL ARTS FUND

第五章　高黎贡山地区历史记忆

　　南方丝绸古道被当代史学家称为"蜀·身毒道"，原本是春秋时期的一条南北民族迁徙、民间贸易的自然通道，战国之后由于商业的发展，逐渐演化为一条巴蜀商人与国外通商的民间贸易通道。当西南的民间商贾在越过高黎贡山的这条古老道路上至少已经进行了两个世纪的"国际贸易"后，中原的商人们才驮着丝绸从西北进入欧洲。一千多年后，著名的海上丝绸之路才发展起来。"蜀·身毒道"使高原之上闭塞的云南最早敞开了一条通向大海的通道，印度洋的海风于是从古老的道路上吹入这片隆起的高原。汉武帝元狩元年（公元前122年），博望侯张骞出使西域，归来后向汉武帝禀报了他在大夏（今阿富汗北部）见到蜀布及蜀郡商人私下通商身毒（印度）、大夏的情形，此后这条民间商道才开始逐渐成为一条由官方维修管理的"国际大通道"。之后，汉王朝沿着南方丝绸古道将稠密的内地人口大量迁至边地，这种大规模的人口迁移行动，实际上也是大规模的文化迁移，深厚的中原文化在这里与土著少数民族文化相交汇融洽，高黎贡山地区因此成为一个种类繁杂、层次多样却又和谐统一的民族综合文化区，民族文化沉淀厚重，至今可以毫不夸张地说已经成为"中原文化缩写本"。本章主要沿着南方丝绸古道的脉络进行梳理，南方丝绸古道把中原文化、西方文化带到这一区域和当地的少数民族文化发生了共融，产生了极其丰富的文化现象。

國家藝術基金
CHINA NATIONAL ARTS FUND

南红玛瑙雕刻非遗传承人张建宽

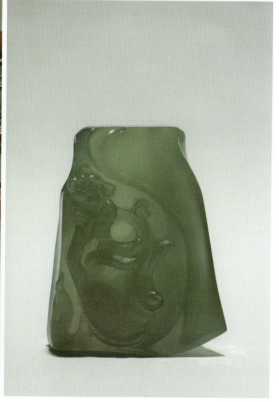

國家藝術基金
CHINA NATIONAL ARTS FUND

腾冲杨树明玉雕

國家藝術基金
CHINA NATIONAL ARTS FUND

腾冲·皮影戏

國家藝術基金
CHINA NATIONAL ARTS FUND

盈江傣戏

南方丝绸古道双虹桥

　　双虹桥位于保山市瓦窑乡，横跨于怒江天险之上，清乾隆五十四年（1789年）永昌知府陈孝升倡建，1923年重建。铁索桥跨怒江江面，在江中礁石上建墩，将桥分成两孔，遥望如双虹，故名。桥东段跨径67米，西段38米，宽2.8米，总长162.5米。分别由15、12根铁链构成，桥两端建关楼，桥中巨石上建一风雨亭，穿斗式土木结构，蔚为壮观，为南方丝绸古道中线上的唯一桥梁。如今南方丝绸古道上与其齐名的"霁虹桥""惠人桥"已成为历史，双虹桥还在肩负着自己的历史使命，每当街子天在马锅头的吆喝声中一对对马帮穿梭而过，桥上错落有致的木板发出咯吱咯吱的声响，南方丝绸古道当年的繁华仿佛就在眼前，突然伴着轰鸣声一辆辆摩托飞驰而过，又把你从历史中拉了回来，在这座古桥上有太多太多的故事，有关于历史的也有关于现在的，有关于老人的也有关于小孩的……

國家藝術基金
CHINA NATIONAL ARTS FUND

古为今用的双虹桥

國家藝術基金
CHINA NATIONAL ARTS FUND

南方丝绸古道惠人桥遗址

龙川江铁索桥

南方丝绸古道

　　高黎贡山分布着著名的"蜀·身毒道"，它是南方丝绸之路重要的一部分，这条古道从成都出发到达缅甸、印度、阿富汗。有了它的存在，东西方文化在这里交融，造就了高黎贡山地区文化的多样性。这段古道路宽1.5～2米，路面全部用石块砌成。沿路风光秀丽，历史古迹众多。跋涉在古老的驿道，往日繁华喧嚣的古道成了一部无言的史书，让人回味无穷。

国家藝術基金
CHINA NATIONAL ARTS FUND

南方丝绸古道

高黎贡山地区古法抄纸

　　在腾冲界头的新庄村，至今仍然传承着中国四大发明之一的手工抄纸技术。据当地龙姓家谱记载，界头新庄村的手工抄纸匠人的祖先从湖南迁入，据此推断龙姓先祖将造纸工艺带到新庄村，利用当地的自然资源环境，使得新庄风调雨顺，无温饱之忧，村民空闲时间较多，因为手工造纸得到了长足的发展，进而在当地带动了一股抄纸风潮，时至今日大多数抄纸人家，都供奉有蔡伦先师牌位。抄纸的主原料是生长于高黎贡山各沟壑间的一种叫构皮树的植物。整个抄纸过程非常复杂，共有削皮、浸泡、漂白、蒸煮、粉碎、抄纸、烘干等20道工序，且均由手工完成，所以它的工艺水平要求很高。

　　近年来，新庄村造纸的人家已经越来越少，从原来的两百余户，变成现在的几十户，而维持着日常造纸的，则更是稀少。2012年，高黎贡手工造纸博物馆落成，其先进的设计理念给村民带来了潜移默化的影响，带动了村民手抄纸技艺的创新，也为村民带来了实实在在的收益。她们在制作抄纸的过程中，在湿纸中间摆几片当地的花草，制作成精美的花纸，利润提高10多倍，现代艺术和设计的介入，让传统技艺展现了新的生命力。

 國家藝術基金
CHINA NATIONAL ARTS FUND

蔡伦的传人·腾冲界头手抄纸

野猪箐桥

　　野猪箐桥属伸臂式木廊桥，坐落于腾冲县曲石乡箐桥村的龙川江上，自古为南方丝绸古道过龙川江重要通道。　据史料记载，该桥最早为藤桥，后来为铁索桥，到了清初方成为一座伸臂式木拱廊桥。野猪箐桥的主体材料取自当地生长的楸木。该桥桥梁以圆木叠压固定，梯级支撑、铁链牵拉，创意十分巧妙，此桥桥身呈弧形，如一道彩虹横跨江面上，造型极其美观，桥身全长 25 米　，宽 3.3 米，最高处离江面约 30 米，是腾冲地区最具代表性的古代廊桥。桥西岸建一观音庙，每当初一、十五当地老百姓都会到此祭拜祈求出入平安、风调雨顺，场面热闹纷呈，此时来到这里，你会觉得这座古桥不但活着而且充满了灵性。

国家藝術基金
CHINA NATIONAL ARTS FUND

腾冲野猪箐桥·一座有神灵的古桥

江苴古镇

历史上，江苴古镇是南方丝绸古道中重要的一段，从保山穿越高黎贡山经南斋公房，下山来到这里，由于这里特殊的地理位置就形成了一个非常热闹的古道驿站，西去东来的客商上山到这里是第一站，下山的马帮到这里是最后一站，这里是草料、食物的重要补给站。

江苴村街道用高黎贡山西麓、摆依河坝子特有的硬质麻石铺砌，街道正中心从头到尾镶以一尺来宽，二三尺长的石板，石板被几百年来途经这里的行人和马匹磨得锃亮而光滑；街道两旁盖有鳞次栉比的明清式木楼或木屋民居；内院大都设有骡马圈，大部分木楼房间都装有木格雕花窗，显得典雅别致、古色古香。街头气势宏伟的文昌宫约建于明末，中华人民共和国成立前后曾为私塾和学校，映射出这里是尊师重教之地，这里有当时滇西较大的印刷厂——明善堂，大约建于明末或清初，这里雕版印刷出来的刊物曾把中国文化传播到缅甸、泰国、印度。

国家艺术基金
CHINA NATIONAL ARTS FUND

南方丝绸之路上一座有历史和文化的古镇·江苴古镇

西董古镇

　　西董古镇历史悠久、文化厚重，是腾冲清末民初商贾繁荣昌盛时的古村落，有古宅院、古宗祠、古刹、古大门等，蕴含悠久的商贾文化、抗战文化、侨商文化、马帮文化。其传统建筑群落集中、保存完整，具有明清建筑特色。西董富商董友熏兄弟在国难当头之际于 1940 年为支持抗日战争出国币二百万元捐献飞机一架，抗日战争后出资修路、修桥、修复腾冲城内的名胜古迹，修建国殇墓园，在幕后给予滇西抗战极大的支持。

 國家藝術基金
CHINA NATIONAL ARTS FUND

腾冲西董古镇·默默无闻的滇西抗战的支持者

和顺侨乡

　　和顺是一座历史悠久的汉族古镇，始建于明朝，当地汉族大多是明初到云南从事军屯和民屯的四川人、江南人、中原人的后代。明洪武十五年（公元1382年），蓝玉、沐英攻大理，分兵鹤庆、丽江、金齿，俱下。事平，驻军腾越，亦得袭官授田，世代留守边地，后居"阳温敦村"（和顺古称）。这里曾是马帮重镇、"南方丝绸古道"的必经之地，400多年前，这里的村民就开始"走夷方"，以中原文化为主流的和顺，兼收并蓄，成为汉文化与南亚文化、西方文化交融的窗口。在这里可以领略徽派建筑粉墙黛瓦的神韵，可以欣赏江南古镇小桥流水的身影，可以看到西方建筑、南亚建筑的元素。和顺"花大门"建筑风格中西合璧，宅院里还有不少西洋的工艺品和现代化用品，是和顺中西方文化水乳交融、和谐并存的一个缩影，它既质朴又不失精致。

国家藝術基金
CHINA NATIONAL ARTS FUND

和顺侨乡花大门·中西方文化交融的见证

國家藝術基金
CHINA NATIONAL ARTS FUND

腾冲清水乡镇夷关

世代守卫着铜壁关的景颇族

艺术简历 /

鲁 韬 / Lu Tao

1978 年 2 月出生于云南省保山市，汉族
2002 年毕业于大理医学院，专业特长：医学影像、艺术摄影
保山市摄影家协会理事
云南省摄影家协会会员
2016 年被保山市文化广播电视新闻出版局聘为保山市文化专家服务团团员

展览

2011-2012　　《中国濒危物种影像计划专题展》在山西平遥国际摄影大展中参展
2011　　　　《2011 濒危物种影像计划优秀作品展》在北京自然博物馆中参展

获奖

2018　　　　《土陶兴衰》获彩云奖
2016　　　　获"保山市文学艺术政府奖"摄影类金奖
2015 ～ 2016 年　完成文化部国家艺术基金《高黎贡山影像保护》摄影项目，并于 2017 年被国家艺术基金评为优秀项目列入滚动资助项目
2013　　　　《夕阳下的小熊猫》人与环境摄影大赛中获最佳采风作品奖
2012　　　　《高黎贡山山脊》在"春雨工程"全国文化志愿者边疆行摄影作品联展中获二等奖

出版

在"腾讯公益慈善基金会"的资助下出版了个人画册《高黎贡山的一千零一面》

后记 /

　　本人不善言辞，前言不搭后语用在我身上再合适不过，但既然有了前言总不能没有个结语吧，于是只能硬着头皮写上几句。

　　很多老师听到一年内完成"全球物种基因库、天然文化博物馆——高黎贡山影像保护"这一专题就想看看我是怎样草草了事的。2015年刚刚接到国家艺术基金的通知说我的项目入选了，着实兴奋了一下，可是冷静一想高黎贡山是如此的立体，既涉及自然生态又涉及少数民族文化、历史文化，真为申请书上所做的承诺而感到汗颜，幸好有著名策展人石明老师神一样的存在，帮我厘清了思路，并挤出宝贵的时间在如何呈现上给予亲自指导，然后利用一年内所有休假时间昼夜奔波，终于在截稿前最后一刻将其完成，不料还被国家艺术基金评为2017年度青年艺术人才滚动资助项目。

　　在此画册出版之际，要特别鸣谢国家艺术基金给予的培养，让我在摄影艺术的道路上能走得更远；感谢保山市文化广播电视新闻出版局在出版上给予了大力支持；感谢著名策展人石明老师给予的谆谆教诲，他像一盏明灯，在摄影艺术的道路上给我指明了方向；感谢摄影家李家鸿、杜小红、范南丹、樊涌老师给予的鼎力支持；感谢被摄对象给予的理解配合以及家人给予的理解支持！

　　"全球物种基因库、天然文化博物馆——高黎贡山影像保护"这一摄影专题的完成不是结束，只是影像保护高黎贡山的一个开始，我将用摄影的方式长期坚守在高黎贡山这片热土上。

鲁 韬
2018 年 10 日

扫描二维码
观赏《秘境高黎贡》纪录片

知识产权出版社
全国百佳图书出版单位